A-T-IL DEUX FEMMES?

OU

LES CORSAIRES BARBARESQUES,

MÉLODRAME EN TROIS ACTES;

Paroles de J. G. A. CUVELIER, et J. M. B***,

Musique arrangée par L. MORANGE.

Représenté, pour la première fois, sur le théâtre de la Gaîté, le   an XI.

A PARIS,

Chez BARBA, libraire, palais du Tribunat, galerie derrière le théâtre Français de la République, n°. 51.

AN XI. — 1803.

PERSONNAGES.	ACTEURS.
SAINT-FIRMIN, colonel français,	Melchior.
D'HÉRICOURT (Auguste) capitaine français,	Cazot.
MONTEBELLI, italien, se disant marquis,	Marty.
CLÉMENT, ancien militaire attaché à Auguste,	Saint-Aubin.
FIORINA, napolitaine, se disant comtesse Cécilia,	Desarnaud.
EMILIE, fille de Saint-Firmin,	Rivet.
HONESTO, sicilien, valet de Fiorina,	Rivière.
UN VIEILLARD VILLAGEOIS,	Crébillet.
UN NOTAIRE,	Boulanger.
DEUX CHEFS DE CORSAIRES,	{ St.-Preux. { Vizentini.

VILLAGEOIS ET VILLAGEOISES.
TROUPE DE CORSAIRES.
TROUPE DE SBIRES ET DE SOLDATS NAPOLITAINS.

La scène se passe au royaume de Naples, au pied et dans l'intérieur du mont Pausilippe, deux ans après le désastre de Messine.

A-T-IL DEUX FEMMES?

MÉLODRAME.

ACTE PREMIER.

Le théâtre représente un salon dont le fond, entièrement ouvert, est garni de persiennes, et laisse découvrir une campagne fleurie. Des fauteuils; à gauche de l'acteur une table couverte d'un tapi.

SCENE PREMIERE.

CLÉMENT, seul.

La belle journée pour le vieux Clément! plus d'aventures, plus de courses. Ici, sous le beau ciel de Naples, mon jeune et cher maître va désormais couler des jours heureux au sein de l'amour et de l'amitié. Je jouirai, moi, de son bonheur: c'est moi qui élevai son enfance; je suis son second père. Oui, ce titre M. Auguste me l'a donné, parce qu'il est dû à mes soins et à ma tendresse. Il ne sait pourtant pas encore, ce cher maître, tout ce que Clément a fait pour lui; il ne le saura jamais : rappeler un bienfait c'est en perdre le mérite.

SCENE II.

CLÉMENT, MONTEBELLI, HONESTO.

(Honesto est enveloppé dans son manteau : il suit Montebelli avec mystère, et examine ce qui l'entoure.)

(Clément paraît étonné, et à son tour il examine Honesto qui retourne la tête, et semble chercher à ne pas être connu.)

MONTEBELLI.

Honnête Clément, dites à M. Auguste, votre maître, que son ami Montebelli l'attend.

CLÉMENT, *à part, avec humeur.*

Son ami!... *(Haut.)* J'y vais, signor. *(Il s'arrête en sortant, et regarde Honesto qui évite sa vue.)* *(A part.)* C'est singulier! cette figure-là ne m'est pas inconnue. *(Montebelli lui fait signe de sortir. Clément hésite encore un moment, et puis s'en va.)* *(A part, en sortant.)* C'est vraiment inconcevable.

SCENE III.
MONTEBELLI, HONESTO.

HONESTO.

Le signor Clément avait bien envie de me reconnaître. Je suis plus fin que lui.

MONTEBELLI.

Et surtout plus frippon, n'est-ce pas?

HONESTO, *lui prenant la main.*

Touchez là, mon cher marquis; nous sommes camarades.

MONTEBELLI.

Monsieur Honesto, point de ces familiarités : jouez votre rôle, mais je garde le mien.

HONESTO.

De la dignité! bravo! bravo, signor! Mais, dites-moi, comment êtes-vous parvenu à connaître ce M. Auguste d'Héricourt?

MONTEBELLI.

Le hasard m'a fait rencontrer cet officier français dans la société : sa jeunesse et sa franchise me le firent regarder au premier abord comme une proie excellente. Je cherchai à lui plaire; j'y réussis, et bientôt je devins son ami intime.

HONESTO.

Bénissimé! cela s'appelle travailler en maître.

MONTEBELLI.

Le jeune Auguste attendait avec impatience un colonel français, un M. de Saint-Firmin, et Emilie, sa fille, pour lesquels je lui fis louer cette maison de campagne. Je voulus attendre leur arrivée pour agir. Ils sont ici depuis huit jours, et il est tems que je pense à commencer la besogne.

HONESTO.

Plan sage et bien conçu.

MONTEBELLI.

Il ne sera peut-être pas nécessaire de déployer les grands moyens.

HONESTO.

Il faudra voir.

MONTEBELLI.

C'est l'avis de la comtesse Cécilia. Et d'après l'aventure du jeune Auguste à Messine, je crois bien que par des voies de conciliation tout à fait innocentes, et qui n'effaroucheront nullement l'inquisition, nous parviendrons à nous approprier une bonne partie de la fortune de ces Français. Mais qu'est-ce que c'est que ce vieux Clément que tu sembles connaître?

HONESTO.

Une espèce de valet-gouverneur, ancien militaire attaché à Auguste d'Héricourt depuis son enfance : il est rusé, brave et honnête.

MOMTEBELLI.

C'est un homme à craindre : prends bien garde, Honesto; s'il te reconnaissait, tout serait perdu.

HONESTO.

Laissez-moi faire : je ne joue pas les premiers rôles, mais j'ai mon petit talent aussi.

MONTEBELLI.

On vient; retire-toi, et dis à la comtesse que je suis établi auprès de son Auguste, et que je lui en rendrai bon compte.

HONESTO.

C'est un coup de mon génie d'avoir fait loger la comtese dans ce pavillon au bout du parc de M. Saint-Firmin. L'ennemi et nous tous sommes en présence : par ce moyen ou peut tout voir, tout examiner, attaquer à l'improviste, ou faire retraite à propos.

MONTEBELLI.

Fort bien; mais tais-toi.

SCENE IV.

CLÉMENT, HONESTO, AUGUSTE D'HÉRICOURT, MONTEBELLI.

(Dans l'instant où Clément entre, Honesto s'enveloppe de son manteau, et sort.)

CLÉMENT.

Voici M. Auguste d'Héricourt.

(Auguste descend en scène, et prend la main de Montebelli, qui lui témoigne l'amitié la plus vive. Clément, inquiet, regarde Honesto qui s'éloigne, le suit des yeux, et sort après lui.)

SCENE V.

AUGUSTE D'HÉRICOURT, MONTEBELLI.

(Auguste regarde partout, et examine si personne ne l'écoute.)

AUGUSTE.

Hé bien, mon cher Montebelli, avez-vous fait ce dont je vous avais prié ?

MONTEBELLI.

Le cher Auguste peut-il douter de l'activité de Montebelli, quand il s'agit de le servir ? D'abord votre portrait en miniature, que vous avez fait faire à Naples pour votre Emilie, sera prêt dans la journée.

AUGUSTE.

Bien.

MONTEBELLI.

Ensuite, d'après vos desirs, depuis huit jours toutes les feuilles publiques ont présenté cet avis : *On desire avoir des renseignemens sur une dame napolitaine, nommée Fiorina, qu'on croit morte à Messine.* Personne ne s'est présenté : il est donc bien certain que cette dame n'existe plus.

AUGUSTE.

Ah ! mon cher, vous me rendez le repos et la félicité. Apprenez donc le fatal secret qui pesait sur mon cœur ; mais surtout qu'il ne sorte jamais de votre sein.

MONTEBELLI.

Soyez tranquille, Auguste ; l'amitié que vous me témoignez est bien placée, et vous en aurez des preuves un jour.

AUGUSTE.

J'en sens tout le prix.

MONTEBELLI.

Parlez, mon ami ; je vous écoute.

AUGUSTE.

Accueilli dès mon enfance dans la maison de M. de Saint-Firmin, colonel français, j'éprouvai, pour la charmante Emilie sa fille unique, un sentiment que j'eus le bonheur de lui voir bientôt partager. Ma fortune et mon nom convenaient à son père : notre union fut projetée. A cette époque je fus appelé à Messine pour la succession d'un oncle mort en Sicile : mon fidèle Clément m'y suivit. C'est là que je perdis le repos et la vertu.

MONTEBELLI.
Ce récit m'intéresse au-delà de ce que vous imaginez.
AUGUSTE.
Lancé, malgré moi, dans le tourbillon des plaisirs, je vis la signora Fiorina....
MONTEBELLI.
Une des plus belles Napolitaines.
AUGUSTE.
L'adorer, oublier Emilie, brûler du feu le plus dévorant, ce fut l'ouvrage d'un seul regard de Fiorina.
MONTEBELLI.
Je conçois parfaitement cela.
AUGUSTE.
Je ne vous peindrai pas tous les moyens de séduction qui fuernt employés : l'enchanteresse avait mis un bandeau sur mes yeux ; je ne connaissais plus qu'elle dans la nature... La posséder ou mourir, tel était mon vœu.
MONTEBELLI.
La belle Fiorina ne voulut sans doute pas votre mort?
AUGUSTE.
Toutes mes prières furent inutiles : elle ne consentit à recevoir mon hommage qu'à la condition expresse qu'un mariage secret nous unirait l'un à l'autre.
MONTEBELLI.
Ha! ha! ceci devient sérieux.
AUGUSTE.
Le bon Clément que vous connaissez, serviteur dévoué et ami sincère, fut le seul qui osa me présenter le miroir de la vérité. Qu'était-ce que Fiorina? Une femme sans nom, sans famille, une aventurière, dont la coquetterie avait enchaîné ma raison, et que je connus trop tard pour mon malheur.... Et c'était à une pareille créature que j'allais sacrifier un établissement brillant et l'intéressante Emilie! Telles furent les représentations du vertueux Clément.
MONTEBELLI.
Elles étaient hardies, sans doute.
AUGUSTE.
Je n'y répondis qu'en le menaçant de le chasser. Tous les prestiges de la séduction m'environnaient alors : le lendemain, dans la chapelle du palais de Fiorina, je trahis l'innocente Emilie, en recevant la main de son adroite rivale.
MONTEBELLI.
Vous fûtes marié?

AUGUSTE.

Hélas! ce jour affreux fut marqué par mon parjure et par une catastrophe épouvantable. La chaleur était étouffante, l'air embrasé, le ciel voilé de nuages épais, et la nature en silence semblait attendre un évènement terrible. Bourrelé de remords, essayant en vain de chasser de mon cœur l'image d'Emilie, qui semblait me reprocher mon crime, je sors de la ville, et, profondément abymé dans mes réflexions, j'erre sur les bords de la mer. Tout-à-coup un bruit sourd, effrayant me rend à moi-même : la mer mugit et s'élève; la terre tremble sous mes pas; les éclairs multipliés, le fracas de la foudre, les cris lugubres des animaux, tout annonce une prochaine destruction. Je suis glacé d'épouvante. Tous les habitans de la ville se répandent dans la campagne, en fuyant une terre qui tremble sous leurs pas; et bientôt Messine toute entière s'écroule et s'engloutit dans des abymes de feu.

MONTEBELLI.

Quel désastre!

AUGUSTE.

Je retrouvai mon bon Clément, mais ce fut en vain que je cherchai Fiorina. Son palais renversé ne me laissa aucun doute sur la mort de cette femme. Nous retournâmes en France: je revis Emilie toujours aimante et fidelle. Deux ans se sont écoulés depuis cet évènement; et ce que j'avais appris en Italie sur les aventures de Fiorina, en confirmant tout ce que m'avait dit mon zélé domestique, ne me laissa aucune espèce de regrets. Cependant M. de Saint-Firmin préférant pour sa santé le beau ciel de Naples à celui de la France, vient de se fixer ici : vous lui avez fait faire l'acquisition de cette campagne, qui est délicieuse. Enfin M. de Saint-Firmin couronne aujourd'hui mon amour en me donnant la main de son Emilie. Voilà, mon ami, tout ce que j'avais à vous confier.

MONTELLI.

Hé bien! mon cher Auguste, je ne vois là rien d'alarmant: les malheurs passés sont presque toujours les garans du bonheur futur. Que vous reste-t-il à desirer?

AUGUSTE.

Je ne sais : mais depuis mon retour en Italie le souvenir de Fiorina me poursuit comme un fantôme importun. Guidé par une délicatesse, peut-être exagérée, j'ai voulu prendre de nouvelles informations sur cette femme dans Naples sa patrie.

MONTEBELLI.

Vous voyez qu'elles n'ont produit aucunes lumières. Il est

donc bien certain qu'elle n'a pas échappé au désastre de Messine; et vous pouvez sans crainte, mon cher Auguste, contracter les nouveaux nœuds qui doivent assurer votre félicité. Je retourne à Naples, où une affaire importante m'appelle; mais soyez tranquille, Auguste, je serai d retour ici pour la signature du contrat, et je n'oublierai pas le portrait.

AUGUSTE.

La fête ne serait pas complette si Montebelli n'y était pas.

MONTEBELLI.

J'y serai, mon ami, et je vous ménage même certaine surprise... Laissez-moi faire.

AUGUSTE.

J'entends; c'est une manière adroite de me mettre dans la confidence.

MONTEBELLI.

Justement.

AUGUSTE.

Je n'insiste plus; partez. *(Montebelli sort.)*

SCENE VI.
CLÉMENT, AUGUSTE D'HÉRICOURT.

(Clément, en entrant, rencontre Montebelli, et recule avec un sentiment de crainte et d'impatience.)

CLÉMENT.

Vous avez causé long-tems avec ce marquis.

AUGUSTE.

Cela t'inquiète, mon bon Clément?

CLÉMENT.

Tenez, monsieur, moi je vous parle avec ma franchise ordinaire, je n'aime pas votre marquis.

AUGUSTE.

De nouvelles chimères.

CLÉMENT.

Monsieur, ce n'étaient pas des chimères quand à Messine je vous dévoilais les manèges de cette Fiorina.

AUGUSTE.

C'est fort bien; mais ici...

CLÉMENT.

Ici il se trame quelques nouveaux complots, ou je me trompe fort. D'abord je me défie de ce signor Montebelli;

2

sa figure ne m'a jamais plu; et puis il avait avec lui un grand *escogriffe* que je crois bien avoir connu quelque part. Cet homme se cachait; c'est toujours un mauvais signe, monsieur. J'ai voulu éclaircir ce mystère: je suis sorti après lui, je l'ai suivi: il a doublé le pas pour m'éviter; je l'ai doublé aussi; au bout de votre parc il a abordé deux hommes d'assez mauvaise mine, enveloppés comme lui dans de grands manteaux. Je m'étais arrêté: il n'a fait que leur dire deux mots à l'oreille, et de suite il s'est enfoncé dans ces ruines qui sont sur la gauche, auprès de la maison de cette comtesse Cécilia dont on parle tant dans Naples.

AUGUSTE, *souriant.*

Diable! ceci tient du merveilleux.

CLÉMENT.

Ce n'est pas tout: ces deux hommes ont passé à côté de moi: or, savez-vous ce qu'ils ont dit en passant?

AUGUSTE, *souriant.*

Je n'ai pas le don de deviner.

CLÉMENT.

Ils ont dit ces mots, que j'ai parfaitement entendus: «*Dans une heure au mont Pausilipe; Montebelli y sera.*» Maintenant, monsieur, il faut que vous sachiez qu'on débite partout dans ces cantons les choses les plus étranges sur cette grotte du mont Pausilipe... Vous riez, monsieur?

AUGUSTE.

Je ris, mon pauvre Clément, de ce que tu as pris l'alarme pour si peu de chose: ce sont des gens à qui le valet de Montebelli aura donné rendez-vous pour la petite fête qu'il veut me donner.

CLÉMENT.

Prenez garde, mon cher maître; ces gens-là n'avaient pas du tout des mines de fête, mais du tout.

AUGUSTE.

Calme tes inquiétudes.

CLÉMENT, *attendri.*

C'est que si un malheur vous arrivait Clément n'y survivrait pas.

AUGUSTE.

Bon! Clément, ce jour est tout entier au bonheur, et tu le partageras; car tu es mon ami, Clément, mon véritable ami, et tu le seras toujours.

CLÉMENT, *très-attendri.*

Mes larmes mouillent ma paupière; permettez-moi de les répandre: elles viennent de là. *(Montrant son cœur.)*

(*Auguste lui donne sa main, qu'il baise avec transport.*)

SCÈNE VII.

CLÉMENT, AUGUSTE D'HÉRICOURT, SAINT-FIRMIN, ÉMILIE.

SAINT-FIRMIN.

A merveille, d'Héricourt; j'aime à voir cette sensibilité : celui qui sait se faire aimer par ses inférieurs sera toujours estimé par ses égaux.

AUGUSTE.

Je parlais au cher Clément du bonheur pur qui désormais va embellir mes jours; son ame s'est émue à cette idée.

CLÉMENT, *à Saint-Firmin*.

Oui, monsieur, et mes larmes étaient des larmes de joie.

SAINT-FIRMIN.

D'Héricourt, j'étais le camarade de ton père: je ne t'ai presque pas perdu de vue depuis ton enfance, excepté pendant les quinze mois que tu as passés à Messine; ta bonne conduite et ta valeur t'ont mérité le grade de capitaine, et de tous les officiers du corps tu es celui que j'ai toujours le plus aimé: je crois assurer le bonheur de ma chère Emilie en te la donnant; aujourd'hui même elle sera ton épouse.

AUGUSTE, *à Emilie*.

Si Emilie me permet de lui consacrer mon existence toute entière, je suis le plus heureux des hommes.

EMILIE.

Le vœu de mon cœur est d'accord avec les volontés d'un père que je chéris, et j'imagine qu'Auguste ne peut en douter.

AUGUSTE, *lui baisant la main*.

Charmante Emilie!

SAINT-FIRMIN.

Ah ça, ma fille, nous avons une petite affaire à régler ensemble, précisément aujourd'hui... Te souviens-tu....

EMILIE, *vivement*.

Oui, mon père.

SAINT-FIRMIN.

De quoi, mademoiselle?

EMILIE, *souriant*.

Vous songez à cet écrin de diamans...

SAINT-FIRMIN.

Positivement; tu as deviné. (*Il tire un écrin de sa poche.*)

Le voilà. Lorsque je te le remis il y a deux ans, comme un don de ta mère, tu me le rendis cacheté quelques jours après, en me faisant promettre solemnellement de n'en faire l'ouverture qu'au jour même de ton mariage avec Auguste d'Héricourt.

EMILIE.

Oui, mon père.

AUGUSTE, à Saint-Firmin.

Quel est ce mystère ?

SAINT-FIRMIN.

Je n'en sais rien ; je sais seulement que cet écrin, beaucoup plus léger que lorsque je le donnai à ma fille, m'aurait fait naître des soupçons s'il m'eût été remis par une autre main que la sienne... et j'aurais vingt fois cédé à la curiosité de l'ouvrir, si je n'avais engagé ma parole.

EMILIE.

J'étais bien tranquille sur mon secret.

SAINT-FIRMIN.

Tu vois que l'écrin est bien comme tu me l'as remis.

EMILIE.

Sans doute, mon père.

SAINT-FIRMIN.

Ouvrons-le donc, et sachons le mot de l'énigme.

(Il rompt le cachet, et ouvre l'écrin.)

Comment ! il est vide !.... (Avec sévérité.) Emilie parlez.

EMILIE.

Mon père...

SAINT-FIRMIN.

J'ignore ce que vous avez fait ; mais les diamans de votre mère davaient rester dans vos mains comme un gage inviolable de sa tendresse pour vous.

EMILIE, avec crainte.

Si mon père daignait me permettre de lire le papier qui est dans cette boîte.

SAINT-FIRMIN, prenant le papier, et le lui donnant.

Lisez.

EMILIE, lit.

« O la plus tendre des mères ! je crois remplir tes inten-
« tions en consacrant à la vertu les superfluités du luxe ;
« j'ai fait placer sur la banque de Venise les deux mille
« sequins, valeur des diamans que ta généreuse amitié légua
« à ta fille. Cette somme est destinée à former la dot de
« deux jeunes filles vertueuses, et je desire que leurs ma-

« riage se célèbre le même jour que le mien. Leurs béné-
« dictions, ô ma mère! seront le prix de ta bienfaisance, et
« ton souvenir vivra dans leurs cœurs, comme dans celui de
« ton Emilie. »

SAINT-FIRMIN, *avec émotion.*

Viens, mon Emilie, viens sur le cœur de ton père. (*Il s'embrasse.*) Auguste, c'est un ange que je te donne.

AUGUSTE.

Je connais tout le prix du trésor que je vais posséder.

SAINT-FIRMIN.

Tu aurais bien dû, Emilie, me mettre dans la confidence quelques jours plutôt; j'aurais cherché, j'aurais trouvé ces deux jeunes filles, et nous aurions fait les trois mariages en même-tems.

EMILIE.

Je crois avoir prévenu vos desirs. L'honnête et vertueux Clément s'est adressé au pasteur et aux vieillards de ce village : ils ont désigné les deux jeunes filles; elles m'ont été présentées en secret, et j'aime à croire que notre choix sera approuvé par mon père.

CLÉMENT.

Oui, monsieur, tout cela est fait.

SAINT-FIRMI .

Le traître! qui ne m'en dit pas un mot!

CLÉMENT.

C'était ma consigne.

SAINT-FIRMIN.

Mais ces jeunes filles sont-elles prévenues pour la cérémonie? savent-elles que c'est ce matin même?

CLÉMENT.

Elles savent tout; on n'a rien oublié : elles sont en ce moment dans le parc avec le notaire, leurs parens et tout le village. Les bouquets, les complimens et les violons sont prêts. Faites le commandement de la marche, mon colonel; vous verrez paraître ma troupe en bon ordre.

SAINT-FIRMIN, *souriant.*

Hé bien, qu'ils s'avancent.

(*Clément frappe trois coups dans sa main.*)

SCÈNE IX.

LES PRÉCÉDENS, LE NOTAIRE, LES DEUX JEUNES VILLAGEOISES ET LEURS ÉPOUX, LE VILLAGE.

(Saint-Firmin, Auguste et Émilie se placent à droite. Clément dirige les villageois : ils portent tous des bouquets ; le notaire est à la tête ; ils défilent devant le public, et se placent à l'opposé des acteurs. Le notaire s'assied à la table, et déroule ses contrats.)

UN VIEILLARD, à Émilie.

Signora, au nom des deux couples vertueux qu'unit en ce jour votre générosité, je vous prie d'agréer l'hommage de leur éternelle reconnaissance, et leurs vœux sincères pour le bonheur de leur aimable bienfaitrice. Quand on sait faire des heureux, on ne peut manquer de l'être soi-même.

(Les villageois lui présentent leurs bouquets.) *(Ballet.)*

SAINT-FIRMIN.

Monsieur le notaire, si les actes sont prêts, nous allons les signer.

LE NOTAIRE.

Il ne manque plus que cette dernière formalité.

(Pendant que tout le monde signe, les deux villageoises se mettent aux genoux d'Émilie, qui leur attache sur la tête le bouquet virginal. A son tour elle se met aux genoux de son père, qui lui place sur le front une couronne de roses blanches présentée par les jeunes filles ; ensuite Émilie reçoit le baiser paternel, et, conduite par les jeunes filles qui sont groupées autour d'elle, elle va signer. Auguste, ivre de son bonheur, est prêt à signer à son tour. On entend un bruit sourd : ils s'arrêtent tous et regardent.)

SCÈNE X.

LES PRÉCÉDENS, LA COMTESSE CÉCILIA, HONESTO.

(La comtesse et Honesto ont tous les deux des chapeaux rabattus sur les yeux, et sont couverts de longs manteaux : la comtesse porte un masque ; Honesto reste dans le fond ; la comtesse s'avance et saisit le bras d'Auguste dans le moment où il va signer.)

(Tableau d'étonnement général.)

LA COMTESSE.

Que vas-tu faire ? malheureux ! rappelle-toi Messine et Fiorina.

AUGUSTE, *épouvanté.*

Fiorina!!!

CLÉMENT.

Il y a ici quelque nouvelle intrigue; qu'on saisisse cet inconnu.

(On fait un mouvement pour arrêter la comtesse: elle jette son manteau et son chapeau: elle est en femme et tout en blanc; elle conserve son masque.)

LA COMTESSE.

Arrêtez; respectez une femme. *(A Saint-Firmin.)* Auguste d'Héricourt ne peut signer ce contrat sans commettre un crime et sans déshonorer ta fille. Si tu veux en savoir davantage, trouve-toi dans une heure dans la grande allée du parc, et commande de laisser ouverte la barrière qui donne vers la mer... Adieu.

(Elle fait un mouvement pour sortir : Auguste veut la suivre : elle l'arrête d'un geste menaçant; il tombe évanoui dans un fauteuil. Emilie est confuse et tremblante. Clément donne des secours à son maître, et Saint-Firmin reste anéanti. Tous peignent la douleur et l'étonnement. La comtesse se dessine triomphante, et Honesto menace du fond de la scène)

(Tableau général.)

FIN DU PREMIER ACTE.

ACTE SECOND.

Le théâtre représente l'avenue d'un parc fermé, dans le fond, par une haie vive d'orangers, de citronniers et de rosiers: cette haie est coupée par une barrière en bois à la manière des jardins anglais. Au-delà de la barrière on apperçoit sur le côté gauche une portion du mont Pausilipe, et dans le fond la mer.

SCÈNE PREMIÈRE.
LA COMTESSE CÉCILIA, MONTEBELLI, HONESTO.

(Ils entrent avec mystère.)

HONESTO.

Il paraît que le signor Saint-Firmin a donné ses ordres; la barrière est ouverte.

MONTEBELLI, *montrant la gauche.*

Voici l'avenue qui conduit au château. Guerre à l'œil de ce côté; prenons garde de nous laisser surprendre.

HONESTO.

Ne craignez rien; ce parc est percé de manière qu'on peut découvrir tout ce qui arrive. Nous sommes bien seuls; en attendant l'ennemi nous pouvons causer et convenir de nos faits.

LA COMTESSE, *à Montebelli.*

Quel a été le résultat de ma subite apparition?

MONTEBELLI.

A peine êtes-vous sortie, belle comtesse, que je me suis montré. L'étonnement général subsistait encore: fureurs d'un côté, lamentations de l'autre; Auguste était anéanti. On m'a instruit de tout ce que je savais mieux que personne, et je me suis établi le consolateur de la vénérable famille: c'était un tableau à peindre.

LA COMTESSE.

A propos, et le portrait d'Auguste?

MONTEBELLI, *lui remettant un portrait.*

Le voici. d'Héricourt, dont je suis toujours le meilleur ami, m'a chargé de le prendre chez le peintre.

LA COMTESSE, *l'examinant.*

Il est parfaitement ressemblant.

MONTEBELLI.

Auguste le destinait à Emilie; moi je vous en fais cadeau, comtesse.

LA COMTESSE.

Je saurai en faire usage.

HONESTO.

Que ferons-nous de l'original?

MONTEBELLI.

Il faut agir sans différer: vous êtes si connue à Naples!

LA COMTESSE.

Qu'importe?

MONTEBELLI.

On n'ignore pas que Fiorina et la comtesse Cécilia sont la même personne.

LA COMTESSE.

Que fait mon nom au succès de l'entreprise? n'en suis-je pas moins l'épouse d'Auguste d'Héricourt? sa fortune n'est-elle pas la mienne?

MONTEBELLI.

Rien de plus juste. Quant à ce monsieur Saint-Firmin, nous savons qu'il a en caisse plus de quatre cent mille livres de francs, sans compter les diamans, les bijoux. C'est un coup de main qui ne peut manquer; Honesto et moi nous connaissons parfaitement les êtres de la maison, et au besoin nous appellerions les corsaires.

HONESTO.

On peut s'en passer: gardons cette aubaine pour nous trois; qu'en dites-vous, comtesse?

LA COMTESSE.

Le bien de mon mari est à moi seule, j'espère; mais cela ne suffit pas à ma vengeance, et j'aurai besoin de nos corsaires pour punir le perfide Auguste et mon odieuse rivale. Quant à l'or de Saint-Firmin, je consens volontiers au partage, si Montebelli veut bien vous y admettre.

HONESTO.

Veut bien m'y admettre! Sur quel ton le prenez-vous, signora Fiorina? Si vous êtes l'épouse de monsieur Auguste, vous m'en avez, je crois, un peu d'obligation.

LA COMTESSE, *à Honesto, avec mépris.*

Intrigant subalterne! bien fait pour le rôle de valet que nous lui avons abandonné!

3

HONESTO.

J'étais le comte Valentini lors du mariage à Messine; pour vos propres intérêts, je vous engage à ne pas l'oublier, signora comtesse.

MONTEBELLI.

A quoi bon tous ces débats? ils peuvent compromettre notre sûreté.

LA COMTESSE, *à Montebelli.*

Je vous l'ai toujours dit, on pouvait se passer de lui; c'est à vous que j'ai l'obligation d'être liée à un pareil homme.

MONTEBELLI.

Modérez-vous, madame, je vous en prie.

HONESTO.

Que signifient ces grands airs? Fiorina, courtisane à Messine, comtesse à Naples et intrigante partout, mérite-t-elle donc tant de ménagemens?

MONTEBELLI, *bas, à Honesto.*

Sois le plus prudent, mon cher Honesto. (*Haut.*) Vous nous perdez tous deux. (*Bas, à la comtesse.*) Nous nous en déferons.

LA COMTESSE, *à Honesto.*

Je vous ordonne de vous taire: songez que d'un seul mot je puis me venger de toutes vos insultes.

HONESTO.

Je sais que tous les moyens de vengeance vous sont familiers; mais Honesto n'est plus un homme à se laisser intimider aussi facilement qu'on le croit.

MONTEBELLI.

Madame cédera un peu de ses prétentions. Allons Honesto, de la raison. (*Bas, à la comtesse.*) Promettez; vous ne risquez rien.

HONESTO, *à part.*

Ils intriguent; feignons.

LA COMTESSE, *dissimulant.*

Je fais toujours tout ce que vous voulez, mon cher marquis; mais au moins qu'Honesto conserve avec moi le ton et les égards que l'on doit à mon sexe.

MONTEBELLI.

Il ne s'y refusera pas, madame; je suis sa caution. Allons, qu'il ne reste plus de traces d'une discussion préjudiciable à nos intérêts communs.

HONESTO.

Pourtant...

MONTEBELLI, *bas à Honesto.*

Tais-toi; nous la tromperons sur le partage.

LA COMTESSE.

Je consens à tout oublier. (*Bas à Montebelli.*) Il me la paiera.

HONESTO, *montrant Montebelli.*

Il nous trompe tous deux.

MONTEBELLI.

Alert; j'aperçois M. de Saint-Firmin avec Clément.

LA COMTESSE.

Ce Clément ne m'aimait pas à Messine; il a manqué renverser mes projets.

MONTEBELLI.

Qu'il ne vous inquiète pas; je le surveille.

SCÈNE II.

LES PRÉCÉDENS, SAINT-FIRMIN, CLÉMENT.

CLÉMENT, *apercevant Honesto.*

Encore cette maudite figure! Observons, écoutons...

SAINT-FIRMIN.

Recevez mes excuses, madame, de ne m'être pas trouvé le premier au rendez-vous. Vous m'avez offert une explication; quelque pénible qu'elle soit pour moi, je l'attends avec impatience.

LA COMTESSE.

Vous voyez, signor, la femme la plus infortunée : je suis l'épouse légitime d'Auguste d'Héricourt.

SAINT-FIRMIN.

Son épouse!

LA COMTESSE.

Monsieur le marquis, que je ne connais que d'aujourd'hui, m'a dit de vous, signor, tout le bien qu'on peut en dire. Ma cause devient la vôtre, puisque mon époux allait devenir le séducteur de votre fille, et j'ose espérer que mes larmes et mes malheurs ne vous trouveront pas insensible.

SAINT-FIRMIN, *à part.*

Quel secret épouvantable!

MONTEBELLI.

Permettez-moi, signora, une observation; je ne la ferais peut-être pas si j'avais l'honneur de vous connaître davantage : je dois à l'attachement réel que j'ai pour le jeune d'Héricourt de prendre ici sa défense contre vous.

LA COMTESSE.

Votre amitié pour lui, signor, doit-elle vous rendre injuste envers moi ?

MONTEBELLI.

A Dieu ne plaise, signora ! Mais dites-moi comment il se fait que mon ami, homme estimable et plein d'honneur, ait pu se lier avec la famille la plus respectable, en s'engageant au point où il est, si effectivement il a contracté avec vous des nœuds indissolubles ? Pardon, signora ; mais c'est pour moi une énigme que je ne puis deviner.

CLÉMENT, *à part.*

Serait-ce un honnête homme ?

SAINT-FIRMIN.

Je vous avoue, madame, que cette réflexion m'arrête ainsi que monsieur le marquis.

LA COMTESSE.

Ma position peut-elle autoriser un doute injurieux ?

MONTEBELLI.

Dans une situation aussi délicate que celle où se trouve mon ami, ce sont des faits qu'il faut, et non de vaines paroles.

CLÉMENT, *à part.*

Je parie qu'ils s'entendent.

LA COMTESSE, *montrant Clément.*

Demandez à son confident s'il me reconnaît.

CLÉMENT, *à part.*

Quelle effronterie !

SAINT-FIRMIN.

Parlez Clément.

CLÉMENT.

Oui, monsieur, je connais la signora.

LA COMTESSE.

Pour vous ôter jusqu'au moindre doute, je m'engage, messieurs, à vous présenter dans un instant l'acte de mon mariage célébré à Messine avec Auguste d'Héricourt.

CLÉMENT, *à part.*

C'est où je l'attends.

SAINT-FIRMIN, *à Clément.*

Vous étiez à Messine avec votre maître ; un pareil évènement n'a pu vous être caché, à vous qui avez toute sa confiance... Qu'avez-vous à répondre ?

CLÉMENT.

Que j'ai effectivement connu la signora Fiorina à Messine en grande liaison avec mon maître.

SAINT-FIRMIN.

Ne cherchez pas des moyens évasifs : madame est-elle son épouse ?

CLÉMENT.

Si madame le prouve par son contrat de mariage, comme elle le dit, on pourra le croire.

SAINT-FIRMIN, *avec sévérité.*

Clément, vous avez perdu ma confiance.

CLÉMENT, *à part.*

Il n'est pas encore tems de parler.

MONTEBELLI.

Tout cela est fort bien. Mais, signora Fiorina, pourquoi ce changement de nom : car on vous nomme ici, ce me semble, la comtesse Cécilia ?

LA COMTESSE.

Des raisons qui ne peuvent que m'honorer, signor, m'y ont obligée ; et quoiqu'elles soient étrangères à l'évènement qui nous rassemble, je ne me refuserai pas à vous les faire connaître.

SAINT-FIRMIN.

Quel que soit le nom de madame, il paraît constaté qu'elle est la légitime épouse de d'Héricourt, et il n'est plus à mes yeux qu'un vil suborneur et le plus méprisable des hommes.

MONTEBELLI.

De grâce, monsieur de Saint-Firmin, ne prononcez pas sitôt l'arrêt de mon ami ; vous n'avez pas encore en main les preuves que l'on vous promet.

HONESTO, *à part.*

Le rusé coquin !

CLÉMENT.

Oui, il faudra examiner ces preuves.

MONTEBELLI.

Je vous l'avoue, il y a dans tout ceci un mystère impénétrable pour moi, et il faut que l'un des deux soit bien coupable.

SAINT-FIRMIN.

Encore un seul mot, madame : comment, depuis deux ans, avez-vous laissé ignorer votre existence à d'Héricourt ?

LA COMTESSE.

Que dites-vous?

MONTEBELLI.

Oui, signora, je jure que d'Héricourt vous croyait périe à Messine.

CLÉMENT.

Je l'atteste aussi.

LA COMTESSE.

Le fidèle Clément, qui semble tout ignorer, ne savait-il pas au moins que son maître se faisait peindre?

CLÉMENT.

Son portrait est destiné à mademoiselle Emilie.

LA COMTESSE.

Il ignore mon existence, dites-vous? son portrait était pour Emilie? (*Montrant le portrait.*) Hé bien! le voilà ce portrait : hier, à cette même place, il me l'a remis comme un nouveau gage de sa foi.

CLÉMENT, *à part.*

Celui-ci me passe.

SAINT-FIRMIN.

Le monstre!

LA COMTESSE.

Il sait depuis long-tems par quel prodige je suis échappée au désastre de Messine ; il sait les chagrins que me cause son odieuse conduite, et combien de larmes m'a déjà fait verser l'indifférence dont il m'accable ; il sait enfin que je ne méritais pas d'être sacrifiée aux vues d'ambition qui m'ont enlevé sa tendresse.

SAINT-FIRMIN, *à part.*

O mon Emilie! quelle affreuse union j'allais former! (*A Montebelli.*) Je crois, monsieur le marquis, qu'il n'y a plus rien à objecter après ce dernier trait; il met le comble à mon indignation.

MONTEBELLI, *dissimulant.*

Ah, d'Héricourt! comme vous m'avez trompé!

CLÉMENT.

Mais, monsieur, il faudrait voir cet acte de mariage.

SAINT-FIRMIN.

Clément, je vous impose silence.

CLÉMENT, *à part.*

Il faut céder ; dans peu je pourrai combattre ces intrigans.

SAINT-FIRMIN.

Adieu, madame; adieu, monsieur le marquis. Nous avons été trompés tous les trois, mais je l'ai été le plus cruellement. (*Avec attendrissement.*) Vouloir m'arracher le repos de ma vie en déshonorant à la fois ma fille et mon nom! (*Avec énergie.*) Ne crois pas, lâche suborneur! que Saint-Firmin laisse un pareil outrage impuni... Non; je jure, par l'honneur, de venger dans ton sang tant de perfidie. (*Il sort furieux.*)

LA COMTESSE, *bas, à Montebelli.*

Nous triomphons. (*Ils sortent tous deux par la barrière.*)

CLÉMENT, *à part.*

Au péril de ma vie je veux dévoiler cette trame abominable.

(*Il arrête Honesto, qui va pour suivre la comtesse : il pousse la barrière, et malgré la résistance du valet, il l'amène en scène.*)

SCÈNE III.
CLÉMENT, HONESTO.

CLÉMENT.

Non, non, tu ne sortiras pas.

HONESTO.

Mais, signor....

CLÉMENT.

Je veux causer un instant avec vous, monsieur Honesto.

HONESTO.

Impossible; je m'en vais.

(*Il veut sortir : Clément lui barre le chemin.*)

CLÉMENT.

Je vous demande bien excuse, mais vous resterez.

HONESTO.

Mon maître m'attend....

CLÉMENT.

Ha! ha!... depuis quand le comte de Valentini porte-t-il la livrée?

HONESTO, *à part.*

Je suis reconnu (*Haut.*) Que voulez-vous dire, signor?

CLÉMENT, *le prenant fortement par la main.*

C'est en vain que tu cherches à dissimuler : je te tiens,

comte pe Valentini, et tu me donneras la clef de cette intrigue diabolique.

HONESTO, à part.

Nous sommes perdus.

CLÉMENT.

Les aventures de Messine seront bientôt dévoilées.

HONESTO, à part.

Ah mon dieu!

CLÉMENT.

Et je suis résolu....

HONESTO, tremblant.

A quoi, signore?

CLÉMENT.

A révéler aujourd'hui même, aux inquisiteurs, certain mariage de l'honnête Paolo, votre complice.

HONESTO.

Nous sommes trahis, il sait tout.

CLÉMENT, à part.

Il se trouble. (*Haut.*) Honesto, tu vois que je suis bien instruit : il faut que tu choisisses sur-le-champ ou d'être livré entre les mains de la justice au premier signal que je vais faire, ou cette bourse qui contient cent louis.

HONESTO.

Voilà un argument un peu serré.

CLÉMENT.

Les cent louis, si tu veux devenir honnête homme, et m'aider à déjouer les projets de tes complices ; ta perte à mon premier signal, si tu persistes dans tes criminels desseins.

HONESTO.

Mon choix n'est pas douteux. Mais quelle garantie aurai-je pour ma propre sûreté ?

CLÉMENT.

La parole d'honneur d'un vieux soldat français.

HONESTO.

Cela suffit. Quant à la bourse, je n'en veux que quand je l'aurai bien acquise.

CLÉMENT.

Et tu consens....

HONESTO.

A tout, puisqu'en vous servant je vengerai mes injures particulières.

CLÉMENT.

Comment ?

HONESTO.

Montebelli et Fiorina m'auraient sacrifié moi-même : en déclarant leurs complots, je satisfais tout à la fois la justice et la vengeance.

CLÉMENT.

Quel garant, à ton tour, me donneras-tu de la vérité de ce que tu me dis ?

HONESTO.

Mon intérêt personnel. Je vais vous dévoiler d'horribles secrets, qui mettent ma vie entre vos mains si je vous trahis.

CLÉMENT.

Tu me fais frémir !

HONESTO.

J'avoue que ce c'est avec une satisfaction bien vive que je trouve un moyen de sortir du sentier du crime : j'étais intrigant ; mais je ne voulais pas devenir assassin.

CLÉMENT, *avec effroi*.

Assassin !

HONESTO.

Oui, Clément : apprenez que cette Fiorina, que vous connaissez déjà si bien, chassée de Naples depuis peu de jours, s'est réunie à ce marquis de Montebelli, et que tous deux correspondent avec une troupe de corsaires barbaresques, rebut de toutes les nations, et qui n'appartiennent à aucune. Souvent les corsaires descendent à main armée sur ce rivage ; et, retranchés dans la grotte du mont Pausilipe, ils bravent les sbires et les soldats du prince. Ils sont commandés par le fameux renégat Alisbeck, dont le nom seul fait trembler toute cette contrée. Hé bien ! ce sont ces mêmes hommes qui vont être armés par Montebelli pour vous attaquer ici même, enlever vos richesses, et se rendre maître d'Émilie, d'Auguste et de Saint-Firmin, qu'ils livreront à la vengeance de l'infâme Fiorina.

CLÉMENT.

Quel abyme d'iniquités !

HONESTO.

Maintenant croirez-vous à la sincérité d'Honesto ?

CLÉMENT.

Ah ! nous te devrons tous la vie.

HONESTO.

Je vous devrai davantage ; le repos d'une conscience sans remords.

CLÉMENT.

Il ne faut pas tarder. Pour cacher notre intelligence, retourne près de Montebelli. A la chûte du jour tu me trouveras à Naples, après de la porte Latine.

HONESTO.

Très-bien.

CLÉMENT.

Il est absolument nécessaire que tu répètes devant les inquisiteurs la déclaration que tu viens de me faire.

HONESTO.

C'est m'exposer à un grand danger.

CLÉMENT.

Ne crains rien ; je répondrai de toi sur ma tête.

HONESTO.

Quoi qu'il puisse arriver, je servirai la cause de la vertu, même aux dépens de ma vie.

CLÉMENT.

M. de Saint-Firmin et Auguste viennent de ce côté: pars. *(Honesto sort.)*

SCÈNE IV.

CLÉMENT, *seul.*

Que vois-je.... mon maître et M. de Saint-Firmin se parlent avec chaleur. Ils sont armés, quel nouveau malheur nous menace ? Courons prévenir mademoiselle Emilie ; elle seule peut les désarmer. (*Il sort précipitamment.*)

SCÈNE V.

AUGUSTE D'HÉRICOURT, SAINT-FIRMIN.

SAINT-FIRMIN.

C'est dans ce lieu, témoin de votre parjure, que je prétends vous en punir.

AUGUSTE.

Je ne sais ce que vous voulez me dire.

SAINT-FIRMIN.

Cet excès d'impudence ajoute à ma fureur.

AUGUSTE.

Vous abusez cruellement de ma situation, monsieur!

SAINT-FIRMIN.

Quoi! hier, à cette même place, vous n'étiez pas aux pieds d'une femme?

AUGUSTE.

Aux pieds d'une femme!

SAINT-FIRMIN.

De la vôtre... de Fiorina.

AUGUSTE, *avec le plus grand trouble.*

De Fiorina?... Grands Dieux!

SAINT-FIRMIN, *à part.*

Il se trouble : il est convaincu. (*Haut.*) Allons, monsieur, c'est perdre le tems en vaines explications : vous savez le sujet qui nous amène ; l'honneur exige que mon affront soit lavé dans le sang.

AUGUSTE.

Je vous le répète, monsieur, ma seule faute est la réserve que j'ai gardée à votre égard; je suis innocent de tout le reste. Que cet aveu que je fais, sur l'honneur, à M. de Saint-Firmin lui tienne lieu de la réparation sanglante qu'il exige.

SAINT-FIRMIN.

Est-ce là le langage d'un militaire?

AUGUSTE.

C'est celui d'un honnête homme.

SAINT-FIRMIN.

L'honneur....

AUGUSTE.

Il me défend de porter une main coupable sur un chef que je respecte.

SAINE-FIRMIN.

Votre réputation...

AUGUSTE.

Elle serait ternie si je versais le sang du père d'Emilie.

SAINT-FIRMIN.

Seriez-vous un lâche?

AUGUSTE, *avec une fureur étouffée.*

Vous êtes le premier qui ait osé me faire une semblable question.

SAINT-FIRMIN, *prenant du champ.*

Hé bien! défendez-vous.

AUGUSTE.

Délivrez-moi d'une vie que le chagrin aurait bientôt consumée; tirez, monsieur.

(*Saint-Firmin arme son pistolet, et fait feu sans toucher Auguste, qui tire son coup en l'air.*)

SCÈNE VI.

LES PRÉCÉDENS, CLÉMENT, ÉMILIE, *ensuite* LA COMTESSE *et* MONTEBELLI.

ÉMILIE, *en entrant.*

Mon père! mon père!

(*Elle tombe presque évanouie dans les bras de Saint-Firmin. Clément court désarmer Auguste. La comtesse et Montebelli entrent les derniers, et restent en souriant contre la barrière. Tableau.*)

SAINT-FIRMIN, *à la comtesse.*

Vous ici, madame la comtesse? venez-vous ajouter à nos tourmens?

AUGUSTE, *se retournant, à part.*

C'est Fiorina Emilie, je te perds pour jamais.

LA COMTESSE.

Je vous ai promis de revenir dans ces lieux vous apporter les preuves de mon mariage avec Auguste d'Héricourt; je tiens ma parole.

ÉMILIE, *à part.*

Ce dernier coup manquait à mon infortune.

AUGUSTE, *à part.*

Je suis anéanti.

CLÉMENT, *bas à Auguste.*

Du courage, monsieur; il est encore des ressources.

SAINT-FIRMIN.

Je vous remercie, madame, de me donner les moyens de confondre tout à fait l'imposture.

CLÉMENT.

Oui monsieur, vous les aurez ces moyens, et dans ce moment les imposteurs doivent trembler. (*Montrant la comtesse et Montebelli.*)

MONTEBELLI.

Que signifie ce langage?

CLÉMENT.
C'est celui d'un homme honnête qui va t'arracher ton masque, noble marquis!

MONTEBELLI.
Malheureux! si je ne respectais monsieur...

CLÉMENT.
Je croyais que Montebelli, depuis long-tems, ne savait plus rien respecter.

MONTEBELLI.
Quelle audace!

CLÉMENT.
J'ai l'audace de la vertu, toi celle du crime : nous verrons qui des deux l'emportera.

SAINT-FIRMIN.
Qu'osez-vous dire, Clément?

CLÉMENT.
La vérité.

LA COMTESSE, *montrant le contrat.*
Elle est consignée dans ce contrat.

SAINT-FIRMIN.
Vous connaissez madame?

CLÉMENT.
Tout Messine connaît Fiorina.

SAINT-FIRMIN.
Elle est l'épouse de d'Héricourt.

CLÉMENT, *avec force.*
Non.

ÉMILIE et AUGUSTE, *à part, avec un sentiment d'espérance.*
Grand Dieu!

LA COMTESSE.
Quelle atroce calomnie! Prenez cet acte, monsieur: (*Elle donne le contrat à Firmin.*) vous tenez maintenant entre vos mains toutes les preuves de la vérité.

CLÉMENT, *avec explosion.*
Oui, vous tenez dans vos mains les preuves de la vérité. O Providence! je te remercie.

SAINT-FIRMIN, *après avoir parcouru des yeux le contrat.*
Cet acte est en règle.

CLÉMENT.
Monsieur, vous ne le connaissez pas encore tout entier; rompez ce cachet, prenez le petit billet qu'il dérobe à vos yeux.

(*Saint-Firmin rompt le cachet, trouve le petit billet, et le développe.*)

LA COMTESSE, *à part.*

Je frissonne.

MONTEBELLI, *à part.*

Cet homme m'épouvante.

ÉMILIE *et* AUGUSTE, *à part.*

Quel mystère !

SAINT-FIRMIN, *lisant.*

« Ce mariage, célébré dans la maison de Fiorina, par un
« imposteur à ses gages, est nul. Je suis peut-être coupable
« aux yeux des hommes en ne le dénonçant pas, mais je
« me crois innocent devant celui qui juge les intentions : les
« raisons de mon silence, et la déclaration signée de Paolo,
« qui a fait ce mariage, sont dans un écrit cacheté, déposé
« ce même jour par moi chez le notaire Biancini.

« CLÉMENT. »

LA COMTESSE, *à par..*

Ciel ! tout est découvert ; Paolo m'a trahie.

CLÉMENT.

Oui, ce mariage est nul. Je suivais à la piste tous les mouvemens de Fiorina : je découvris cet abominable projet, et l'or donné à Paolo pour lui arracher son secret lui servit deux jours après à passer chez l'étranger. J'obtins de lui, le jour de cette coupable cérémonie, de mettre ce billet sous le cachet que vous venez de rompre, et cette circonstance est consignée dans sa propre déclaration, signée de lui. Mon cher maitre, enveloppé dans les pièges de cette Fiorina, est devenu la victime des apparences, et je jure devant Dieu que, séparé de cette femme depuis cette prétendue cérémonie nuptiale, il ne l'a jamais revue qu'aujourd'hui.

LA COMTESSE, *bas, à Montebelli.*

Nous sommes trahis. (*Haut*) Je suis la victime d'une trame abominable ; mais les tribunaux nous jugeront.

CLÉMENT.

Je l'espère. (*Montrant Montebelli.*) Ton complice et toi vous ne pourrez échapper à justice des hommes et à celle du ciel.

MONTEBELLI.

Homme vil !

CLÉMENT.

Garde pour toi ces épithètes, qui sont trop douces encore.

SAINT-FIRMIN.

Clément, modérez-vous.

CLÉMENT.

Me modérer, monsieur, quand je vous vois entouré de scélérats qui ont juré votre perte et celle de mon maître !

MONTEBELLI.

Misérable !

CLÉMENT.

Je ne te crains pas : arme tes dignes amis, ose nous attaquer, et tu verras ce que peuvent des soldats français lorsqu'ils combattent pour la justice.

LA COMTESSE.

C'est trop long-tems souffrir. Vous triomphez, mais ce triomphe sera de courte durée : je me réserve la vengeance la plus terrible. Vous connaîtrez ce que peut une femme indignement outragée : vous périrez.

(Elle sort avec Montebelli en menaçant.)

(Le jour commence à baisser.)

SCÈNE VII.

SAINT-FIRMIN, CLÉMENT, ÉMILIE, AUGUSTE.

ÉMILIE.

O mon père !

SAINT-FIRMIN.

Il faut voler à Naples, solliciter des secours, armer les sbires.

CLÉMENT.

Tout cela est fait : dans cet instant les sbires doivent être prévenus, et prêts à marcher.

AUGUSTE.

Vertueux Clément, tu seras notre libérateur.

CLÉMENT.

Je n'aurai rien fait tant qu'il vous restera des dangers à courir.

(On entend un bruit lointain. Il commence à faire nuit.)

SCÈNE VIII.

LES PRÉCÉDENS, LE VIEILLARD, VILLAGEOIS ARMÉS.

LE VIEILLARD, *accourant*.

Signori, le plus grand péril nous menace : on aperçoit près du rivage les voiles de ces corsaires qui désolent de tems en tems le pays par leurs incursions; dans un instant ils seront débarqués. Armez-vous, mettez-vous à notre tête, ou nous périssons tous.

CLÉMENT.

Je cours à Naples hâter les secours

(*Il sort par la barrière.*)

ÉMILIE.

Homme bienfaisant! que le ciel dirige tes pas.

SCÈNE IX.

LES PRÉCÉDENS, *excepté* CLÉMENT.

AUGUSTE, *à Saint-Firmin.*

Je ne vous quitte pas; je vous défendrai jusqu'à la mort.

SAINT-FIRMIN.

Quels que soient vos torts, le péril commun doit nous réunir tous.

LE VIEILLARD.

Les voilà!

SCÈNE X.

LES PRÉCÉDENS, TROUPE DE BANDITS.

(*On aperçoit en mer plusieurs barques et bâtimens barbaresques: chaque barque est éclairée par un fanal. Les corsaires débarquent et gravissent le mont Pausilipe.*) (*Auguste et Saint-Firmin s'arment, et disposent les villageois : on ferme la barrière ; tous se postent pour recevoir les corsaires. Emilie se jette à genoux, et implore le ciel.*) (*Tableau général sur le mont en la scène.*)

FIN DU SECOND ACTE.

ACTE TROISIEME.

Le théâtre représente l'intérieur du mont Pausilipe : c'est une vaste grotte en stalactites et en laves éteintes, et fermée à l'extrémité par une grande grille de fer : cette grille a une porte qui s'ouvre par un secret. La grotte est éclairée par une lampe antique à plusieurs branches. A travers la grille on distingue dans le lointain le mont Vésuve qui de tems en tems jette des flammes.

SCÈNE PREMIÈRE.

LA COMTESSE, MONTEBELLI, CORSAIRES.

(Au lever du rideau plusieurs corsaires sont groupés autour de Montebelli et de la comtesse.)

LA COMTESSE.

Toutes les précautions sont-elles bien prises ?

MONTEBELLI.

A moins d'un prodige, nos ennemis, enveloppés de toutes parts, ne peuvent échapper.

LA COMTESSE

Je vais donc les voir à mes pieds ce perfide d'Héricourt et cette odieuse rivale qui m'accablaient de leurs dédains ! Nous verrons avec quel courage ils sauront supporter leur disgrace. Mes amis, vous servirez ma vengeance ?

LES CORSAIRES.

Nous le jurons.

MONTEBELLI.

Les braves chargés de l'expédition ne reviennent pas ; je crains qu'ils n'aient trouvé plus d'obstacles que je n'en avais prévus, et je ne puis me défendre d'une certaine inquiétude.

LA COMTESSE.

Il faudrait prendre les mesures les plus promptes.

MONTEBELLI.

C'est ce que je pensais Cette grotte est bien gardée : on ne peut franchir les avant-postes sans le mot d'ordre, et même pour ouvrir cette grille qui nous défend de toute insulte il faut en connaître le secret : ainsi nous pouvons rester seuls ici sans rien craindre.

LA COMTESSE.

J'y consens.

MONTEBELLI.

Les hommes qui nous entourent sont tous déterminés : une partie va se porter sur le parc de Saint-Firmin, l'autre vers la mer, pour y rejoindre nos camarades commandés par Alisbeck, et le presser de nouveau de hâter sa marche pour se rallier à nous. Ces Français ne se rendent pas facilement : si Saint-Firmin a pu, par hasard, obtenir de Naples quelques soldats, la résistance sera rude.

LA COMTESSE.

Hâtez-vous de marcher.

(*Les corsaires sortent, et la grille se referme.*)

SCENE II.

LA COMTESSE, MONTEBELLI.

LA COMTESSE.

Je partage votre sort, Montebelli : vous savez que rien ne peut rompre les nœuds qui m'attachent à vous.

MONTEBELLI.

Cette idée fait mon bonheur, aimable comtesse, et j'attends la fin de cette entreprise pour aller avec vous loin de l'Italie jouir du fruit de nos travaux Je vous l'avoue pourtant, ce retard m'étonne : ce coup de main ne demandait pas une heure. D'un autre côté, Honesto n'est pas encore revenu de Naples, où je l'avais envoyé pour s'assurer si les sbires ne faisaient pas quelques mouvemens. Il devait être de retour avant minuit, et minuit est sonné depuis longtems. Vous avez eu tort, Fiorina ; vous l'avez aigri : il faut ménager son ennemi, ou le sacrifier à l'instant même.

LA COMTESSE.

Si malheureusement pour lui il vous donne l'ombre d'un soupçon...

MONTEBELLI.

Je vous entends.

LA COMTESSE.

Je vous quitte pour prendre un instant de repos : au premier bruit, au premier signal je serai près de vous. Adieu, mon cher Montebelli.

MONTEBELLI, *lui baisant la main.*

Adieu, ma chère comtesse.

SCÈNE III.

MONTEBELLI, *seul.*

Cette femme s'imaginerait-elle en effet que je suis assez faible pour me lier à elle pour jamais ? Non, non ; je m'embarque cette nuit même avec Alisbeck, je passe dans les États Barbaresques : là, exempt de toutes les inquiétudes, et loin de tous les dangers, je ferai briller mon or, et je pourrai enfin vivre heureux et tranquille. (*Regardant à travers la grille.*) Que vois-je ? Deux hommes. (*Il se met en défense, et regarde une second fois.*) C'est Honesto : il s'avance avec mystère Quel est l'homme qui l'accompagne ? Voici le moment de le juger ; cachons-nous. (*Il se cache.*)

SCÈNE IV.

MONTEBELLI, HONESTO, CLÉMENT, *déguisé en corsaire.*

(*Ils paraissent au dehors de la grille, regardent de tous côtés, ouvrent le secret, et entrent dans la grotte avec les plus grandes précautions.*)

HONESTO.

Nous voici dans cette grotte qui traverse entièrement le mont Pausilipe : je savais bien qu'il n'y avait personne à cette heure-ci.

MONTEBELLI, *caché.*

Écoutons.

CLÉMENT.

J'entends du bruit.

(*Ils mettent la main sur leurs armes, et regardent autour d'eux.*)

HONESTO.

Je vous répète qu'il ne peut y avoir personne; j'ai laissé passer l'heure du rendez-vous avec Montebelli : les corsaires, conduits par lui, sont dans ce moment occupés de l'expédition.

MONTEBELLI, *à part.*

Il nous trahit.

HONESTO.

Notre plan est mieux concerté que le leur : dépêché à Naples pour surveiller les sbires, j'ai fait le contraire ; j'ai averti les inquisiteurs : ils ont sur-le-champ fait marcher des soldats ; et d'après les avis que j'ai donnés, ils se sont d'abord portés vers la mer, et ils ont enlevé une partie de la troupe d'Alisbeck qui venait de débarquer.

CLÉMENT.

Il me vient une idée... oui, elle doit réussir... je profiterai de cette circonstance.

HONESTO.

Le détachement napolitain continuait sa marche avec les prisonniers, en éclairant la route qui conduit des bords de la mer chez monsieur de Saint-Firmin, quand je suis venu vous trouver pour vous faire connaître le chemin et les secrets de la grotte.

MONTEBELLI, *à part.*

Le perfide! il périra.

HONESTO.

Si monsieur de Saint-Firmin tient seulement un quart-d'heure encore, les troupes vont prendre les corsaires en flanc : il est sauvé.

MONTEBELLI, *à part.*

Ceci est bon à savoir.

CLÉMENT.

Compte sur ma reconnaissance, et sur la récompense la plus brillante.

(*Montebelli sort de sa cachette.*)

HONESTO.

Je ne veux rien: le bien que je fais aujourd'hui pourra-t-il expier tout le mal que j'ai commis? Je vous l'avoue, je commence à sentir cette paix intérieure qui me fuyait depuis long-tems.

(*Montebelli prépare son stylet.*)

CLÉMENT.

Je vais exécuter le plan que j'ai conçu; dans peu tu me reverras ici.

(*Montebelli s'avance par derrière Clément et Honesto.*)

HONESTO.

Moi, je reste pour ne pas éveiller le soupçon : tu connais le mot d'ordre et le secret de la grille, tu peux revenir quand tu le jugeras convenable.

MONTEBELLI, *s'avançant vers la grille dès qu'ils sont sortis.*

Les scélérats! Je vais être vengé; ils ne peuvent m'échapper.

(*Montebelli sort et se cache derrière la grille. Honesto conduit Clément au-delà de la grille pour lui indiquer le chemin. Dans cet instant Montebelli frappe Honesto de son stylet: Honesto chancèle, tire un coup de pistolet, et tue Montebelli, qui va tomber mourant d'un côté, tandis qu'Honesto tombe de l'autre. Aussitôt on entend de tous côtés ce cri: Aux armes! Clément, épouvanté, s'enfuit.*)

SCÈNE V.

LA COMTESSE, *arrivant en scène.*

Que signifie ce tumulte, ces cris d'alarmes?

SCÈNE VI.

LA COMTESSE, LES CORSAIRES, *arrivant en foule.*

PREMIER CHEF.

Ah, madame! le brave Montebelli n'est plus. Honesto nous trahissait. Montebelli le frappe de son poignard : Honesto chancèle; mais il lui reste assez de force pour armer un pistolet : le coup part, et Montebelli tombe expirant à côté de son assassin. Déjà Honesto n'était plus : un homme qui l'accompagnait s'échappe ; je ne puis le poursuivre dans l'ombre : j'approche de Montebelli : il me serre la main, et d'une voix faible prononce ces mots : *Ami.. le plus grand danger... le renégat Alisbeck...* En parlant il expire dans mes bras.

LA COMTESSE.

Braves corsaires, il faut redoubler de vigilance ; un mystère impénétrable semble couvrir le fatal évènement qui enlève Montebelli : il a parlé du renégat Alisbeck, d'un grand danger... Serions-nous menacés, en effet, et la lenteur de l'expédition tiendrait-elle à la trahison d'Honesto ? C'est ce qu'il faut examiner promptement : notre existence dépend du parti que nous allons prendre.

(On entend trois voix à l'extérieur crier alternativement : Garde à vous. Les corsaires et la comtesse écoutent avec inquiétude, et se mettent en posture de se défendre.)

PREMIER CHEF, *après avoir été à la grille.*
Ce sont nos camarades : victoire ! *(On ouvre la grille.)*

SCENE VII.

LES PRÉCÉDENS, SECOND CHEF, *à la tête de plusieurs autres corsaires.*

SECOND CHEF, *à la comtesse.*

Nous sommes vainqueurs ; tes ennemis sont en ta puissance.

LA COMTESSE.

Je respire !

SECOND CHEF.

Nous avons perdu plusieurs braves.... Ces officiers français sont des diables ; on ne se bat pas avec cette intrépidité là. La résistance a duré deux heures, quand c'était l'affaire de dix minutes. Enfin, nous les avons accablés par le nombre ils viennent sous bonne escorte avec l'or et les diamans... Les voici...

SCENE VIII.

LES PRÉCÉDENS, St.-FIRMIN, ÉMILIE et AUGUSTE, *enchaînés et conduits par le troisième chef et une autre troupe de bandits.*

(*Les corsaires se déploient en scène, en insultant au malheur de leurs prisonniers. On range de différens côtés les coffres, cassettes, etc., qui contiennent l'or et les bijoux. Les prisonniers descendent en scène : ils font un mouvement d'horreur en apercevant la comtesse.*)

LA COMTESSE, *aux corsaires.*

Corsaires, vos richesses vous seront partagées par Alisbeck, votre capitaine ; Montebelli n'est plus.

(*Mouvement des corsaires étonnés.*)

SAINT-FIRMIN.

La justice divine a donc frappé le misérable !

LA COMTESSE, *à Saint-Firmin.*

Silence. (*Aux corsaires.*) Un traître était parmi vous.

SECOND CHEF.

Un traître !... nomme le.

LA COMTESSE.

Honesto : avant de mourir Montebelli l'a sacrifié à notre vengeance ; vous n'avez plus rien à craindre.

AUGUSTE.

Clément aurait-il péri avec lui ?

LA COMTESSE.

Clément !... ce mot m'éclaire... Je n'en doute plus, Clément était son complice.

PREMIER CHEF.

Un homme a effectivement traversé nos avant-postes avec Honesto ; nous ne l'avons pas revu depuis.

LA COMTESSE.

Il ne peut être loin d'ici. Qu'on fouille la grotte et les environs : il importe à notre sûreté que ce téméraire soit promptement retrouvé... Allez.

(*Le premier chef sort avec quelques hommes.*)

SCÈNE IX.

LES PRÉCÉDENS, *excepté* LE PREMIER CHEF ET QUELQUES CORSAIRES.

LA COMTESSE, *à Auguste*.

Hé bien, Auguste, te voilà en ma puissance, et d'un mot je puis me venger de toi, de cet homme orgueilleux et du mépris de ma rivale.

AUGUSTE.

Epargnez l'innocence ; c'est moi seul que vous pouvez accuser.

LA COMTESSE.

Oui, je t'accuse de la plus noire perfidie. Je ne suis point ta dupe ; je me rappelle ton trouble, ta passion pour cette Emilie dont tu me parlais sans cesse, et l'abandon cruel où tu me laissas. La vengeance a fermenté dans mon cœur, et pour tardive, elle n'en sera que plus terrible.

AUGUSTE.

J'attends tout de Fiorina.

LA COMTESSE.

Emilie va périr.

SAINT-FIRMIN et AUGUSTE.

Juste Dieu !

LA COMTESSE.

Et vous serez témoins de son supplice.

AUGUSTE.

Cruelle Fiorina ! vengez-vous sur moi seul ; respectez la candeur et la vertu. Frappez voilà mon cœur.

LA COMTESSE.

Non, tu vivras loin d'elle pour traîner tes jours dans la douleur et les regrets. Qu'on exécute mes ordres, et qu'elle soit attachée à ce rocher.

(Les corsaires saisissent Emilie, et vont l'emmener. Saint-Firmin et Auguste veulent voler à sa défense : on les retient.) (Tableau.)

(On entend trois coups du timbre placé près de la grille : plusieurs corsaires paraissent en même tems en dehors.)

SCÈNE X.

LES PRÉCÉDENS, LE SECOND CHEF, AUTRES BANDITS.

LE SECOND CHEF.

Nous avons en vain cherché partout : l'homme que vous demandez, s'est échappé ; on ne l'a pas aperçu aux avant-postes : donc il n'a pu les franchir.

PREMIER CHEF.

Dès lors, au point du jour, il tombera entre nos mains.

SECOND CHEF.

Au reste, soyez sans inquiétude ; le brave Alisbeck, que nous avons rencontré à la tête de sa troupe, a battu complettement le détachement napolitain qui s'avançait vers la mer pour le surprendre, et nous couper la retraite à nos vaisseaux.

SAINT-FIRMIN.

Tout espoir est donc perdu !

AUGUSTE.

Il faut mourir !

LA COMTESSE, *triomphante.*

Tout réussit au gré de mes vœux !

SECOND CHEF.

J'ai instruit Alisbeck de la mort de Montebelli : il marche sur mes pas à la tête de nos camarades ; il me suit.

(*La grille s'ouvre.*)

SCENE XI.

LES PRÉCÉDENS, CLÉMENT, *sous les habits d'Alisbeck.*

(*Troupe de soldats napolitains couverts de longs manteaux ; robes à la turque avec des turbans.*)

LA COMTESSE, *à Clément, qu'elle prend pour Alisbeck.*

Venez, Alisbeck, venez partager les fruits de notre victoire.

CLÉMENT.

Elle n'est pas complete ; il nous en reste une dernière à remporter.

LA COMTESSE.

Tremblez, hommes fiers et insolens !

CLÉMENT.

Oui, que les coupables tremblent ; la mort plane sur leurs têtes ; ils vont périr.

(*Il tire un coup de pistolet en l'air : à ce signal tous les corsaires arrivés avec lui jettent leurs turbans et leurs manteaux, et paraissent en sbires et en soldats. Clément enlève sa robe et sa barbe : on le reconnaît.*)

SAINT-FIRMIN, AUGUSTE et EMILIE.

C'est Clément.

(*Les sbires, déguisés, font une décharge sur les corsaires, qui en met une partie hors de combat ; le reste, épouvanté, met bas les armes. Soudain Clément met le pis-*

tolet sur la gorge de la comtesse; Saint-Firmin et Auguste terrassent deux chefs de corsaires. Les sbires et les soldats, secondé par d'autres pelotons qui paraissent à la grille, environnent les corsaires, et les saisissent.) (Tableau général.

SAINT-FIRMIN.

Qu'on traîne à Naples tous ces scélérats, et que cet heureux pays se rappelle qu'il doit à des Français d'être délivré de ces audacieux pirates.

(On emmène la comtesse et les corsaires.)

SCENE XII ET DERNIÈRE.

LES PRÉCÉDENS, excepté LA COMTESSE et LES CORSAIRES.

AUGUSTE.

Généreux Clément! nous te devons la vie.

SAINT-FIRMIN.

Quel prix peut-être digne d'un pareil service!

CLÉMENT.

Un seul.

SAINT-FIRMIN.

Parlez.

CLÉMENT.

L'union d'Auguste et d'Emilie.

SAINT-FIRMIN.

Je ne puis rien te refuser. Auguste, reçois ton épouse des mains de notre vertueux libérateur.

EMILIE et AUGUSTE, *aux genoux de Saint-Firmin.*
Mon père.

(Il les relève, et les unit.)

SAINT-FIRMIN.

Jeunes gens, rappelez-vous les dangers d'une liaison coupapable, et songez que le sentier du vice conduit toujours au crime.

(*Les époux et Saint-Firmin serrent Clément dans leurs bras.*) (Groupe.)

FIN.

www.ingramcontent.com/pod-product-compliance
Lightning Source LLC
Chambersburg PA
CBHW060951050426
42453CB00009B/1154